CALLE REAL 48

CALLE REAL 48

Charo Bernal

MAHALTA
EDICIONES

COLECCIÓN
ADIVINOS

© Charo Bernal

© Prólogo: Antonio Daganzo
© Fotografía de solapa: Tomás Fernández de Moya Montero

© Añil desarrollo gráfico, S. L.
Mahalta ediciones es un sello editorial de Añil desarrollo gráfico, S. L.
www.anil.es
www.mahalta.es

Colección Adivinos n.º 20
Primera edición: noviembre 2024

ISBN: 978-84-129419-0-6
Depósito Legal: CR 1014-2024

Impreso en España
Diseño y maquetación: Mahalta Ediciones
Impresión: Safekat, S. L.

El hogar de los recuerdos tras las palabras mágicas: sobre Calle Real 48

Hay obras que, desde su mismo inicio, nos advierten de la especial taumaturgia que las inspiran e iluminan. Esas obras son las que aciertan a encontrar unas palabras mágicas inaugurales; las precisas para convencernos de lo feliz de nuestra suerte, pues el hechizo del que hemos sido objeto no se habrá de agotar —lo intuimos a la perfección— en un mero abracadabra. Unas palabras mágicas como las que anoto aquí: «Un reciente arañazo luce el cielo, / un rojizo relámpago / convertido en memoria. // Hoy se inclina la tarde».

Así comienza —con esos versos inspiradísimos— *Calle Real 48*, de la poeta y narradora Charo Bernal Celestino, nacida en Puertollano, aunque avecindada en Ciudad Real desde su niñez. Estamos ante el quinto poemario de la autora, tras *Pisando de puntillas* (2016), *Desde mi reflejo* (2017), *Hilos de agua* (2019) y, sobre todo, *Un silencio malva*, del año 2022, que pudo ver la luz en la destacada Colección Ojo de pez, perteneciente a la Biblioteca de Autores Manchegos de la Diputación de Ciudad Real. Los numerosos aciertos de aquel *Silencio malva* permitían ya vislumbrar cuanto se ha producido ahora, bajo el muy pujante sello —pujante y manchego también— de Mahalta Ediciones: el arranque de la madurez creativa de Charo Bernal, o lo que es lo mismo, la consolidación de una voz poética que, a partir de este minuto, emprende segura ruta hacia su íntegro desarrollo y cumplimiento. En la trayectoria artística de la autora habrá un antes y un después, sin duda alguna, de *Calle Real 48*.

«La luna escribe en agua su lenguaje / con palabras que escurre cada noche / por todos los tejados; / a veces tengo suerte y las recojo». Ahí quedan cuatro versos que nos hablan, inmejorablemente, del estado de entrañable humildad merced al cual una obra como *Calle Real, 48* puede revelarse y nacer. Una obra que es un regreso a los orígenes: a la casa familiar de un pequeño pueblo («En el pueblo el azul del cielo es tenue, / me cabe entre los ojos»); a ese número 48 de la calle Real donde la autora reconoce la humilde pero resplandeciente patria de su infancia («Aspiro en esta calle aquel perfume, / aquel olor a huerta, / a los patios regados, / al jazmín que derrama / toda su gratitud en los jardines»). Calle Real, sí, donde, además, tres generaciones de mujeres —la abuela, la madre, la hija que es nieta también— forjaron, bajo la exacta suerte del número 48, una alianza indestructible; unidas las tres guerreras —«una con una aguja, otra con un pincel / y yo con esta pluma [...]»— por un misterio «sempiterno / como el ciclo del agua». Por el misterio del amor, que se revela siempre como lo hace la poesía: con esa gratuidad, con esa gracia tan propia, tan absolutamente característica de los dones hermosos.

Charo Bernal escribe:

Cuando la noche arroja sus estrellas / como si fueran dados / sobre un tapete oscuro, me preocupa / mirar al firmamento y no encontrar la paz.

Y escribe igualmente: «He recorrido todos los cajones / y casi he muerto un poco en cada uno». Los riesgos de esta aventura se cifraban, pues, tanto en el desasosiego que eclipsa la memoria —la paz de la memoria— como en la cuchillada de una nostalgia ingobernable. Pero aquí, entre estas páginas, los lectores encontrarán todos aquellos aciertos que distinguen a las buenas creaciones poéticas: límpida y evocadora vertebración de cuanto va a cantarse —«El regreso», «Interior», «Ellas», «Exterior» y «El cuarto del silencio (Todo aquello que no pude contarles)» son los distintos segmentos de la obra—; inequívocos hallazgos en la imaginería —«La noche es un inmenso gato ciego / con su negro pelaje»—; certera formulación de las epifanías graduales— «De niña siempre supe / que el espejo detrás de la vitrina / tiene la piel herida de silencios»—; arrebatos de un sincero lirismo que ennoblecen el verso —«Pertenezco a esta casa porque estuviste tú»—; páginas que, por sí mismas, logran dar testimonio ajustadísimo de un trabajo cabal —«Los bailes en San Juan» o «El cenicero de sellos» se les antojarán a los lectores poemas nítidamente imprescindibles—.

Todo eso atesora *Calle Real 48*, de Charo Bernal Celestino. Y, además, la valentía de un tramo de clausura en buena medida sorprendente. Y, por encima de todo, el triunfo de la memoria viva. Una vivísima memoria que acertó a desplegarse, tras las palabras mágicas, en el hogar de los recuerdos.

Antonio Daganzo

A la memoria de Aniana Camacho
y a su hija, mi madre

Uno siempre vuelve
a los viejos sitios donde amó la vida.
ARMANDO TEJEDA GÓMEZ-CÉSAR ISELLA
/ *Canción de las simples cosas*

El regreso

Viaje

Un reciente arañazo luce el cielo,
un rojizo relámpago
convertido en memoria.

Hoy se inclina la tarde.

Me saludan
las resecas orillas
de mi Mancha, llanura que desborda
todo este espacio y tiempo.

Esta siesta estival,
amiguísima fiel de la pereza,
del paisaje pajizo y el calor
que emiten un silencio que adormece.

El eco que me nombra
es la sombra del pueblo.

Un influjo me arrastra hasta la casa,
atravesando el vientre entre dos tierras
que separan mi cuerpo y la memoria.

Quiero habitarla en todos sus rincones.

Regresar al pueblo

Unas puntadas negras
en el cielo, como un hilván deshecho,
son pájaros que emigran
llevándose en sus alas
las hebras de ilusión que hemos perdido.

El canto quebrantado de algún gallo
araña la mañana.
En el pueblo, el azul del cielo es tenue,
me cabe entre los ojos.
Mis pasos ya conocen los aromas
de lavandas que erguidas nos esperan,
del romero y la jara...
Nos abren el sendero
mostrándonos su verde inclinación.
¡Acaso me rindiesen pleitesía!

¡Bendito es este pueblo,
y bendita su calma!
Porque en él me diluyo
y vuelan hacia adentro las palomas,
aquellas que se fueron
a tender las sonrisas
entre los grises álamos del río.

Ahora te recuerdo,
y son tus ojos sombras desvaídas
de un campo de violetas,
porque el pueblo es tu ausencia y es tu nombre,
que late con un pulso

tan suave y melancólico que duerme
las cosas periféricas y nimias
que penden de las horas más absurdas.

Flotas en el ambiente,
en el olor a lumbre de las casas,
brillas entre las copas que guardaste,
y la yedra del patio
te guarda los secretos de aquel llanto
que asfixiaba tu voz como una soga.

En la mañana, siempre en el paseo,
siento tus dedos tibios que me agarran,
y en este triste encierro de pandemia
—donde han quedado lejos los amigos,
los cines, los teatros y los viajes—
regreso aquí, al regazo,
al delantal de cuadros,
a tus manos de harina.

Porque todo está dentro de mi alma
y regresar al pueblo, a su silencio,
es entrar en sagrado
a la infancia feliz cuando tú estabas.

... y las casas que esconden los deseos
detrás de las ventanas luminosas,
mientras afuera el viento
lleva un poco de barro a cada rosa...

PABLO NERUDA

Interior

DELANTAL DE CUADROS

Veo su delantal
y es extraño el afecto que me induce
a pensar que una parte
de ella permanece,
como si la alegría de sus ojos
—cuando se me acercaba—
estuviera escondida entre esos cuadros
del delantal ajado, después de tanto tiempo.

Cuando cruza la luz de la mañana
por la ventana verde,
la cocina sonríe
mientras desayunamos el café
en aquellos tazones
de loza blanca
cuyo brillo susurra y me pregunta
si quiero magdalenas;
y siento que se acerca dulcemente
con este delantal que ahora
aprieto entre mis dedos.

Yo me pierdo un instante en su perfil.

Después se va despacio
entre el polvo de luz de la ventana.

LA ESCALERA

Un sueño recurrente,
los sueños son verdad mientras los sueñas:
sus baldas son capítulos del roble,
afloran a mi paso, siendo niña,
en un bosque de estrellas infinito.

Las voces de la calle son lejanas,
como si fuesen peces,
y los pájaros fluyen en el río
cantando con burbujas su alegría.

Las campanas son música de fondo
a la orilla del cielo,
las cigüeñas construyen en la torre
el sueño de apostar por su futuro.

Bajo las escaleras,
en el silencio cruje algún secreto
que no comento a nadie.

Amanece otro día.

El hilo que nos une
entre sueño y vigilia se ha partido.

NOCHE DESDE LA VENTANA DE LA COCINA

La noche es un inmenso gato ciego
con su negro pelaje.

Hay olor a jazmines que se escapa del patio
y pasa sin permiso a la cocina
después de saludar a las estrellas.

Las noches de verano son un cuadro
al que presta su marco la ventana,
un óleo verdinegro de Van Gogh.

Pertenezco a esta casa porque estuviste tú.
Es templo de tu ausencia.

Se refleja
en la noche el grafito de tus ojos,
y derrama en tu nombre
el instante azabache del recuerdo infantil.

El cuadro del acantilado

En el primer pasillo de la casa,
sin un marco, desnudo,
me encuentro con su abrazo.

Esas olas azules azotando las rocas.

En el mar hay dolor, ¿nunca lo visteis?

Las gaviotas lo saben y por eso
mi madre las pintó tan cabizbajas.

Techo de uralita

Es el primer patio de tres,
el más pequeño.

A la mesa de mimbre,
que en la esquina sostiene
un jarrón muy antiguo, alto y cobre,
cinco cardos se asoman muy erguidos.

De niña los miraba,
jamás entendí en dónde
radicaba lo bello
de una aspereza muerta
que yo nunca toqué por temor a pincharme.

Dirigía mis ojos a la ondulada altura
del techo de uralita transparente,
enmohecido en verde pantanoso,
parque de lagartijas y otros bichos
que pululaban lentos.

Quizá fueron los cardos y el polvo despertando
sobre aquellas espinas disecadas
o aquella luz verdosa como el vidrio del día
los que me sorprendieron
quedándose guardados para siempre
en un doblez ajado aún en mi memoria.

CÁNTARO

¿Canta el agua su sueño?
¿Es vientre de la noche?
¿Canta la fuente sed en su orfandad?

Después de cada viaje respira tardo,
mientras la sombra húmeda
de los peces dormidos
como un milagro brota desde lo más oscuro.

Cóncavo es su reposo,
sueña ciego y profundo con los días aquellos.

LA SALITA

Como entrar en sagrado
el umbral de su puerta protectora.

Cuánta paz en el tacto de aquellas manos tibias,
cuando la luz del pueblo llamaba a despertar
y era la pasajera
de aquel vagón azul;
cuando me levantaba
con aquellos tranquilos buenos días
y su sonrisa dulce.

Detrás, en la vitrina,
los gestos del cristal,
sus guiños a las luces que se cuelan
en las primeras horas.

Hoy,
desde algunos estantes
muchos libros bostezan
y me piden que escriba sobre esta dicha humilde
con perfume de infancia.

De niña siempre supe
que el espejo detrás de la vitrina
tiene la piel herida de silencios.

BLANCURA

¡La blancura del patio!

Orean tu recuerdo
las sábanas que penden de las cuerdas,
te traen a mi presente
vestida tan de negro silencioso.

Tú, útero gentil,
tú, la administradora del dolor
a largo plazo,
tus dos manos restriegas
—ásperas de la sosa del jabón—
contra la pila,
y en tus ojos se arrullan dos palomas
que casi nunca alzan alto el vuelo.

Quizá, cuando el reloj de aquella iglesia
ordenó a sus campanas
—las de anchas caderas—
desgarrar el mutismo de la tarde,
te bebiste el azul sorbo que supo
coronar tus espacios.

¡Qué duro entre tus huesos ser mujer!
Planta de cruz latina fue tu suelo.

Aquel olor al guiso,
que supura entre brasas,
provoca en mi recuerdo tu sonrisa
y se abre en tu boca una gardenia.

Es la flor perfumando
ese patio y su luz.

Tu recuerdo es tan pálido,
del color del silencio y sumisión,
aun con vestidos negros.

A. C.

Junto a la palangana, dos
pulsos atemporales de una toalla brotan.

Dos rojas iniciales,
dos insignias bordadas
sobre una tela mísera al borde de su ocaso.

Un apresto
de aspereza raspa
mi recuerdo sutil: sus manos en el lienzo
y algún hilo en sus labios.

Son dos letras a punto
de cruz bordadas,
son dos gotas de sangre
que el tiempo disecó, que aún embellecen
el blanco páramo apagado que
tantas veces secara,
jugosa,
su piel morena.

Cojín del gato

El gato se tragó todo el silencio
y, sin remedio, ocurre
que las noches se duermen
sobre su pelo aciago.

La casa agonizante
clama desde el cojín
de terciopelo negro.
El del sillón de mimbre
donde dormía el gato,
donde soñó la abuela.

Cuando murió el felino,
la abuela dibujó, con un pincel
empapado en lejía,
los rasgos de Michín.
Más tarde, ella
también se volvió aire,
desde entonces venero
la infausta flor de viola
de aquellos que se marchan.

El gato en el silencio vespertino
enciende dos antorchas en sus iris
y los dedos delgados, ya tan secos,
de mi abuela querida
regresan al sendero de mis sienes,
mullidas sobre aquel mutismo extraño.

CENICERO DE SELLOS

Son sus dedos de arena los que evoco
en el afán del cenicero:
viajeros digitales
componiendo un mosaico,
personajes ilustres que se asoman
con sus rostros marcados
de un leve matasellos.

Deseosa del viaje desde el tacto
a los profundos pozos de sus iris,
imagino las cartas que esperaba
para guardar aquella filatelia
tras el cristal rendido.

Gasa de aquel velero,
que cegó su mirada
y enmudeció su voz en las labores.

Débil el hilo de agua
que discurrió sin cauce
por las ajadas juntas
de las baldosas grises de aquel patio.

Naranjas, verdes, fucsias...,
persisten los colores
en aquel cenicero
sobre la mesa antigua
que orgullosa sostiene
su museo de sellos diminuto.

Una tarde de hastío
la ventana estrechó su pecho blanco,
pero sumisa acepta su destino:
dos cristales la apresan,
como en el cenicero.

CALENTADOR

De adorno en la pared de la cocina,
como un trofeo en cobre, brilla en su redondez.

Cuando el reloj parece que se cansa,
miro el calentador,
pienso en aquellas sábanas
heridas de humedad,
en el cuerpo cansado de mi abuela
—su recuerdo crepita:
«Te acercas para avivar las brasas»—,
e imagino sus noches
en la gélida casa y los duros inviernos.

¿Cuántas veces las ascuas recogiste?

¿Cuántos lechos tuviste que templar
antes de que tus días
pudieran sentenciar fin de jornada?

Plancha de carbón

Reposa cerca del calentador.

Sin desprender palabras,
duerme serenamente
y sueña con aquellas manos tibias
que, tomando su asa, pasearon las telas
de aquel sencillo hogar.

Alisar las arrugas —desde ese vuelo raso
del calor— a las prendas,
que sumisas se dejaban planchar.

El suave recorrido por las mangas
de una camisa o por los bordes
puntillas de las sábanas.

Lenta máquina de un tren
con destino a la ropa perfumada.

Y las gotas que llueven, deslizándose,
entre los dedos tibios de mi abuela.

LUMBRE

Es la llama en la lumbre
la bella bailarina de azafrán
que danza sinuosa y seductora
para la intimidad de nuestros ojos.

Ilumina los sueños y el recuerdo,
pero es atemporal
su manera de arder
y desprender fulgor.

Su crepitar son sílabas
de un pequeño relámpago
sostenido en los troncos de la encina.

El humo ha ennegrecido las paredes
que forman el hogar,
y hay palomas que duermen en el tubo
un sueño de pavesas y de hollín.

La poeta se ha vuelto una pirómana
arrojando sus versos a la lumbre
como si fuese un mar avergonzado.

Como quien entra en un desván secreto,
entra despacio en tu memoria y mira
cuánto te queda aún por recordar.
CARLOS MURCIANO

Ellas

VOSOTRAS

Vosotras que habitasteis esta casa,
vuestro perfume es rastro en mi recuerdo.

Las tres generaciones de mujeres
amando el mismo espacio,
todas somos guerreras
armadas, todas:
una con una aguja, otra con un pincel
y yo con esta pluma
para dejar constancia,
en toda la espesura del poema,
del lazo que nos une a este lugar,
a donde llega el eco del jazmín
que late en las paredes de aquel patio
que tantas veces fue nuestra trinchera.

Unidas de la mano y el dolor
—eterno compañero,
fiel interno arañazo
de índole diversa en cada cual—,
estáis siempre conmigo.

Vuestras pieles —que son la celosía
que resguarda mi cuna de las miradas turbias—
perviven en mi piel
y en todos los silencios del hogar.

Un hilo transparente
nos une en un misterio sempiterno,
como el ciclo del agua.

TU SILENCIO

Suena un murmullo, pasos,
la madera crujiendo en mi memoria.

Tu espíritu pasea en el silencio
sobre una gasa lila.
Tu sitio está en la casa, te presiento tan cerca...
callada dulcemente, como era tu costumbre.
Una hebra de albura enfoca en una rama
a un pájaro que silba tus canciones,
mientras aquí las cosas permanecen dormidas,
tal como las dejaste.

Sé que un ángel susurra al albaricoquero
cuando tardo en regarlo,
por eso aquellos frutos son tan dulces:
liban de tu silencio su dulzor.

REGRESARTE

Regresarte quisiera
y dibujar el delicado trazo
de tus labios, balcón de tu sonrisa,
donde una golondrina
ondeaba sus alas para alzar
alegre el vuelo.

Quién pudiera traerme
esa mirada tuya,
aquellas dos paciencias
a la sombra del árbol humano del camino.

¡Y volver a tus brazos de albahaca
y al trébol de tus dedos!

Tu rúbrica

Si contemplo tu rúbrica
—esa línea con curvas
que en su momento dijo
que allí estuviste tú,
esa hebra de tinta
que, en uno o dos segundos,
derramó tu apellido...—,
apenas unos trazos,
los latidos del pulso entre tus dedos,
algo oprime mi pecho y mi garganta,
y un escozor sanguino serpentea
mis bordes más internos.

Cuando se van los tuyos
y sientes la certeza
que nunca han de volver,
buscas en cada cosa que fue suya
un pedazo de sombra
para resucitar.

Hoy fue tu letra muerta
disecada en el tiempo,
caligrafía
diáfana en donde
intento asir tu línea de ternura,
acariciar los puntos que la forman
y guardarla en mi pecho eternamente.

TODO EL AZUL

Hoy quiero regalarte
todo el azul que cabe en mi ventana,
el sonido callado de las flores
que va formando sílabas de aroma,
el color del lenguaje de los pájaros
y su suerte sin límite de aforo,
el clímax de la fuente
y esta luz de amarillo
melón, dulce y maduro.

Todo es azul,
todo lo que percibo en estos días
que son una condena de meses, si no años,
de horizontes inciertos
y trémulos deseos donde asirse.
Esta casa respira y son sus sístoles
un diapasón enfermo sin tus manos.

He recorrido todos los cajones
y casi he muerto un poco en cada uno.
Rajé fotografías
y alguna que otra carta.
Pinté de azul y blanco este salón
para que, a tu llegada,
veas un mar manchego y mis abrazos
sean olas templadas a tu encuentro.

La calle se desnuda
y se viste despacio de otras gentes,
pero nunca de ti.

PUPILAS DE GRAFITO

Pupilas de grafito
que hablaban en la noche
cuando el silencio hondo
era un torrente mudo en la salita.

Un reflejo de acero del dedal
como un brillo de luna entre tus dedos
y una hebra de hilo siseando en la tela.

Me enseñaste a enhebrar, a dar puntadas,
y con mis torpes dedos
aprendí de paciencia:
cuando la luz latía más oscura
y mis ojos pugnaban por no cerrar sus alas.

Tú cosías de noche,
todo el temblor del día en el grafito.

MAMÁ

Mamá, tus manos, madre,
saber de su calor y no alcanzarlas
por no dañar la seda de tus dedos
con tantos precipicios y mil demoliciones.

Mamá, tus manos, madre,
mi urgencia es muda y sorda
y este silencio airea nuestro espacio.
Ya no resuena el aldabón en casa
ni aquella campanilla de las prisas.
Cavé una tumba para mi dolor
y no llegan los ecos del sollozo
a tus tiernos oídos.

Mamá, tus manos, madre,
las miro desde lejos,
yo que he muerto mil veces,
pero tus manos, madre,
que son como mi altar
y fueron mi refugio siendo niña,
que no te las arañen todos estos cuchillos
que se hunden en mi pecho
dibujándome cruces
para romper
poco a poco el tiempo que me queda
aún de ser feliz.

No hay nada más hermoso
que dejarse convencer por la noche
de que todo es eterno.
BASILIO SÁNCHEZ

Exterior

Compro el pan

Hoy, si mis ojos cierro,
encienden mis recuerdos aquel horno
y Félix se dispone a cocer pan:
una canción de olor suena en la calle,
cálida y cotidiana.

Bajo los escalones y cruzo escasos metros
mientras ella es vigía en el portal
y se ve poderosa en las alturas.
Me estremece que el cielo
esté tan cerca de ella.

La calle es tan inmensa y yo tan niña
para con media lengua pedir pan.

Félix me está esperando y sus panes sonríen,
después pago la compra.
Él me guiña
un ojo cuando salgo.

Miro a mi abuela arriba,
con el gesto de siempre me otorga su permiso
y un pellizco de pan, que aún humea,
deposito en la acera.
                              Y bajará un gorrión,
con los ojos de nube,
también a por su pan.

LOS BAILES EN SAN JUAN

Sentí en mi primer baile
sus dos manos hirvientes asiendo mi cintura,
y el tiempo se hizo breve entre sus brazos.

No recuerdo su nombre, sólo su pelo rubio.

Bailábamos un lento
mientras la multitud
era solo maleza que giraba
en la pequeña plaza el día de San Juan.

Y me sentí mujer en aquel baile
con su aliento en mi cuello y el temblor de sus manos,
las mismas que arrugaron mi vestido.

Un chico cuyo rostro he olvidado,
que me enseñó a bailar.
Tendría quince junios, pero él era mayor.

Cuando llegó la hora de marcharme,
me solté de sus brazos y no le dije nada.

La luna le besaba la camisa.

Ana

Apenas la mañana nos abre su esplendor,
su voz suena en la calle
y brilla un azulejo de esperanza
al borde de su orilla.

Ella, con su sonrisa y diligencia,
como una flor abierta
entrega humildemente su perfume
de generosidad.

En la acera de enfrente,
dos casas más arriba,
se encuentra la dulzura de este pueblo.

Ni siquiera un poema podrá encerrar jamás
toda mi gratitud.

Allá, detrás de todo lo que es superficial,
llueve con una luz atenuada
que va vertiendo al mar de esta llanura
esa húmeda llama que la ilumina toda
y la hace tan distinta a los demás.

Bostezan los locales

Los oigo bostezar.

Sollozan los locales por las calles
mientras el gris gemido
—tras sucumbir la reja de metal—
escarcha el frágil hilo de amargura
que yace en el asfalto.

Somnolientas ventanas,
semicerrados párpados
pugnando por vencer los estertores
que anuncian una muerte inevitable.

Mis pasos enclavados en la acera
frente a un escaparate,
moribundas dos lívidas ventanas,
una trémula angustia se acomoda
en un rincón oscuro
de la tienda.　　　　La dueña del negocio
no quiere ver la luz.

Se bajan las persianas. Otro cierra.

LAS CIGÜEÑAS

Se perfilan de azul en las mañanas,
sus rostros inclinados a los nidos,
aquellas nubes rubias donde mullen sus sueños.
Año tras año vuelven
al mismo hogar
y, aunque son silenciosas, a veces crotorean
con un saludo alegre.

Los ojos de una niña
miraban la hermosura del plumaje
y la elegancia sobria de aquel pico y sus patas.
Qué dulzura de tiempo sin premuras,
y todo parecía ser eterno.
Ellas tuvieron siempre la hora en sus riberas
y no les preocupaba nuestro ritmo.

Yo entonces no entendía de campanas,
pensaba que era Dios
quien ordenaba al viento que soplase
para que ellas bailaran en la torre
y tocaran la flauta las cigüeñas.

¿Por qué hemos de perder esa inocencia?

El día se derrama en el mismo lugar,
pero hoy tocan a muerto.

Sobre la amarga tierra

A la maldad de alguien

Intentas, en escorzo,
apagar a escondidas las farolas.

Una lengua de fuego
se inflama como aquel grito de Munch
despavorido. Huye
tu sombra farisea,
recorres el camino entre penumbras,
mientras la luz se eleva triunfadora
alzando sus templadas
yemas para rozar el horizonte.

Fallece, irremediable, cada tarde,
sin embargo, el albor
arribará su tez más sonrosada
a las que son sinceras.

Así que, no te empeñes,
en pronunciar los nombres
de las demás mujeres,
con barro entre tus labios.
No laceres sus voces,
porque ellas son las ninfas
del bosque de las gasas azuladas
que ordenan los silencios y las murmuraciones,
mientras te afanas tú
en pisar esos tréboles que brillan
temblando de humildad
en la tibia ladera del sosiego.

La sabia indiferencia
alza la flor más blanca
sobre la amarga tierra que labraste.

CALLE REAL

Quiero robarle a la calle esta paz,
y secuestrarle
la luz a las farolas
para bailar desnuda en una esquina
bañándome de luna y de misterio.

Quiero montar la cuesta
que me lleva a la plaza
y sentir que cabalgo por estos muros blancos
que me han visto crecer,
y transformar en agua los cristales
de todas las ventanas de las gentes sencillas,
a las que siempre quise, para que no me duelan
tanto aquellas miradas
que el tiempo ha disecado
ni aquellos pies cansados de humildad.

Aspiro en esta calle aquel perfume,
aquel olor a huerta,
a los patios regados,
al jazmín que derrama
toda su gratitud en los jardines.

Esta calle las nombra a cada paso
—a mi abuela, a mi madre—
y agita su pañuelo aquella niña
de ojitos melancólicos
devolviéndole al suelo
los pasos en la acera de unas sandalias blancas.

Es un silencio ondulado,
un silencio,
donde resbalan valles y ecos
y que inclina las frentes
hacia el suelo.
FEDERICO GARCÍA LORCA

El cuarto del silencio
[Todo aquello que no pude contarles]

DESNUDA

Cuando la noche arroja sus estrellas
como si fueran dados
sobre un tapete oscuro, me preocupa
mirar al firmamento y no encontrar la paz.

Desde esta habitación en la planta de arriba,
yo vierto en el cuaderno
—mientras todos descansan—
todo el dolor que no os pude contar:
a ti porque te fuiste, y a ti para evitarte
que sufrieses conmigo.
Desnuda ante el espejo de papel,
con las alas abiertas de mis senos,
dejando al corazón sin armadura,
me dejo poseer por el poema.

La luna escribe en agua su lenguaje
con palabras que escurre cada noche
por todos los tejados;
a veces tengo suerte y las recojo.

Sólo queda encontrar qué llave hiende
esa puerta secreta,
y el hilo al cual asirme
mientras mis manos tiemblan.

Hay una luz
que se ve desde lejos
en el postigo azul de una ventana.

SOBRIA INDIFERENCIA

Éter inaprensible,
vahído en el espejo de la duda,
esa niebla tenía tus dos ojos:
idéntica en el gris y en la distancia,
fría como una verja cuando llueve.

Esa niebla tenía tus dos ojos
y en la mañana albina me ha mirado,
me ha cerrado la boca con un beso
de llave de latón oscurecido,
que me recorre, gélido, la espalda.

¡Yo sé que son tus ojos y eres tú
que con disfraz de enero me persigues!

Siento el hálito malva del olvido
instalado en mi nuca,
como si un guardaespaldas sigiloso
musitara tu nombre sin piedad.

La pálida mañana
imita la altivez que te rebosa
en sobria indiferencia.

FE DE AMOR

Sabía del amor
y de sus mil luciérnagas
que alumbraban las grutas.
Mientras,
la efervescencia en sus pupilas
me rasgaba la ropa.

Sabía del amor
de bocados sabrosos,
de sábanas calientes como arena
y sucumbí abrazando
a esa fiera que habita vigilante
en los pies más cercanos de la sed.

Sabía del amor,
de su alma y su pulpa,
y lo tuve arañándome
toda la vida el pecho hasta dejarlo
igual como una jaula
sucia y abandonada en el alféizar.

Sabía del amor como ajimez
de ese tiempo que nunca volverá.

NAUFRAGA MI DESASTRE

> No es difícil dominar el arte de perder
> ELISABETH BISHOP

Naufraga mi desastre
una cuarta debajo de mi cuello
y busca entre los pámpanos la fe
de amarillos y verdes de la infancia.

El arte de perder no lo domino.
Me duele cada pérdida sutil:
el lápiz con las muescas
que dejaron los dientes de mis hijas,
la flor que en la mañana despuntaba
y que, al día siguiente,
desnuda, tiritó;
porque perder las cosas diminutas,
recuerdos de momentos o lugares,
se parece a perder algunas piezas
del puzle que compone nuestro mundo.

Hay pérdidas magnánimas:
manos que ciñen
una cintura, igual como el que apresa
un cometa en la noche
y guarda en sus retinas el momento fugaz.

Algunas pérdidas me agobian:
son lánguido candil de luz tardía,
que, con sus estertores, fallece anocheciendo
y me quiebra la voz.

Respuesta

La sonrojada tarde que derrite
aquella incertidumbre y asesina
la quietud del aliento.

En este mismo instante
me sé, soy penitencia,
la misma voz por otros anhelada
se ha convertido en soga para ti.

Paseo por la casa con luz muerta,
las luciérnagas brillan
en otras voces
y han llamado a mi puerta con sus luces.

Se tiemplan los cristales que empañaste
con tu respuesta agreste.

Ni una caricia impresa

Una losa de mármol,
un epílogo mudo sin tus letras
en donde consolar estos húmedos ojos,
ebrios de incertidumbre y escozor.

Ese licor amargo y abrasivo
subyugado a mis venas,
denso y tan pegajoso que me cubre,
como un traje de buzo, el interior.

Así te vas.
Tú que amabas las letras, como las amo yo.

Ni impresa una caricia
donde poder hallar algún rasgo de ti,
ni el más mínimo pulso
antes de tu partida fulminante,
ni una llama levísima que caliente mis iris
frente a tanto dolor.

¡Al mar, tiradme al mar!

Vuelvo a mis flores

Vuelvo a buscar mis flores;
son luces sus respuestas.

No me llaméis, no estoy.

Esto que veis de mí
es tan solo una cáscara.

Quiero
regresar a las flores de mi infancia,
a poner los dondiegos boca abajo,
convertidos en frágiles farolillos de noche
que danzan felizmente entre mis manos.
Sanan con experiencia
tristezas y dolores tan ajenos...

Soy una niña triste.

Vuelvo a las flores siempre,
son como mis poemas,
que a pesar de regarlos tantas veces
con lejía o con lava del dolor más feroz,
y de abonarlos poco,
me devuelven un gesto agradecido
y la luz que reside
en el prado más verde.

El hilo de la vida

Un frágil hilo pende en cada vida
con tensión diferente.

¿Dónde anidan los pájaros
este marzo fatídico?
¿Dónde vuela el aroma
de las tímidas flores
que entre tus dedos tibios
lucieron su belleza?
¿Dónde duerme mi calma
si ha perdido su hueco,
ese calor de nido
que mi pecho alojó
cuando era una explanada nuestra vida?

¡Quién tuviera el poder
de salvar del naufragio tu deriva
y remar a tu lado mansamente
hasta que el frágil hilo que te aprieta
afloje su temblor!

IMPOTENCIA

Es un dolor licuado
de filo de un cuchillo que esta tarde
metaliza la luz y sus contornos
mientras la lumbre arde
y los troncos candentes me enfebrecen
el alma torturada.

¿Podrá volver a ser la primavera
aquel cesto de mimbre
cargado de colores?

¿Podrá morirse este temblor un día
y salir de las rejas este pájaro
que compulsivamente
picotea el barrote
de la gris impotencia?

Penitencia

Sentirme penitencia,
dejar de ver ceguera en esos ojos,
dos candiles que ayer
ardieron a mi paso.

Sentirme penitencia,
evaporar mi imagen del espejo.

Se arrebola la tarde
y me cabe en el útero
este rojo dolor,
y pendular,
que atraviesa mi entraña,
que devora mi carne
como un animal pérfido.

Tu desidia me nombra,
me llama penitencia.

No es difícil

Erguirse no es difícil,
aunque un temblor interno
se agarre a tu costado con sus uñas
y unos dientes de aguja te bordasen
el descompuesto ánimo que escondes.

Fingir una sonrisa, rosa suave,
y albergar en los ojos dos troneras
que rebosan hollín por las pestañas.

Andar no es muy difícil, basta
negar cómo se rompe el mar dentro de ti
y un aluvión de peces se suicida
al bucear tu leve corazón.

Más niña

Entiendo que los ojos
se nos van apagando
y la luz busca espacios más allá,
donde el dolor no anide.

Entiendo que los labios
se marchitan un día
perdiendo su sabor a fruta fresca;
quizá fueron los besos
—las sonrisas quizás, ahora cicatrices—
de otros tiempos mejores.

Entiendo que las manos,
que son del tacto arpegio,
se nos vuelven agrestes
y dejan de volar
por espacios soñados donde brotan
la espuma de los sueños y el deseo.

Como entiendo, también,
que los destinos lúgubres
del placer de los viajes
en el tren de la piel y de los gozos
van siendo más lejanos.

Sin embargo, no puedo
entender por qué ahora,
hoy, me siento aún más viva
que ayer, más niña que nunca, no sé...

MI VOZ ES UNA PIEDRA

Fui la cuerda de un arpa.
Soy el temblor de arena.

Un gorrión silencioso
clava sus leves patas en mi pecho
buscando qué comer
o algún rincón más cálido en el campo
en este abril lloroso y compungido
que nos moja las venas.

Mi voz es una piedra sin lugar
y sin flores cercanas que la arropen,
es un canto rodado
que un río desterró fuera del cauce
para que se muriera en soledad.

Una piedra no sabe llorar fuera
del arrullo de agua, del húmedo cantar,
y el agreste terreno
jamás devuelve el eco de sus quejas.

RECOMPENSA

Desde el brocal del pozo,
donde hace tantos días
devuelve mi reflejo más oscuro,
me arañan estos versos.

Ya mis flores del bien no soplarán
tu nombre de vocales más abiertas,
y mi garganta es un andén vacío
con polvo del camino de otros tiempos.

Tu distancia de metros es lejana
y tu silencio inunda
mis ojos de pequeños peces lilas.

Lejos del ruido
de estas redes, en donde
el mundo anda enredado,
busco un árbol amable que me abrace.

La perra me regala algún ladrido.
Su mirada es ternura planetaria,
la mejor recompensa cuando nadie
sabe enjugar mi llanto.

Vacía

Apenas queda rastro de jabón
en el lavabo, todo
se escurrió como escurren
hoy las lágrimas
por mis mejillas ávidas de sal.

Todo se calla en esta casa azul,
donde mi boca muerde su dolor
mientras tu ausencia culpa
mis solemnes segundos
de amor, estos que son
la mínima unidad
de tiempo en este espacio
en que se alojan todos mis recuerdos.

¿Dónde está el crematorio del espíritu?,
me pregunta en silencio la esperanza.

No sé, respondo,
como si nada, como si todo ya
se fuera desprendiendo de mi ser
y me quedase huera.

DISPLICENCIA

Con displicencia rozo
el dorso del poema donde yace
la última esperanza que me queda,
y viaja la alegría de mis dedos
en el vaho que exhala esta agonía
hasta el hilo de luz
que se estrecha y se aleja de soslayo.

Mis huellas marcarán otro destino,
serán el marcapáginas sutil
que señala un dolor irrespirable.

Soy un soldado roto
que sopla sobre el humo de un volcán.

LA ERÓTICA DEL VERSO

Escribir un poema se parece a un orgasmo.
ÁNGEL GONZÁLEZ

Allí es donde nunca supo un hombre llevarme,
donde es hondo el placer
y un buzo me conduce por un pozo
tomándome las manos
y con sus pies dibuja
burbujas en mis muslos
y un roce endecasílabo en mi pubis.

Un suave balanceo
me produce la métrica
de sus caderas húmedas
hasta alcanzar el clímax.

En este cuarto mudo como el buzo,
en el agua profunda del espejo,
después de tantas veces arrojarme
y no escucharse el ruido al zambullirme,
supe que eran poemas,
que el gemido en el agua no se aprecia,
que el pañuelo en el agua también lava su llanto.

Qué mal nos explicaron lo del sexo,
qué bien lo del pecado,
lo de la sumisión.

Cuatro notas

Mi *agradecimiento* a la casa señalada con el número 48 de la calle Real. Constituyó un espacio de paz, amor y seguridad en mi infancia y ha sido lugar de inspiración literaria en mi madurez.

El poema titulado «Regresar al pueblo» obtuvo el I Premio Internacional de Poesía Carlos Murciano, que se falló en Madrid en 2021, por el jurado designado por la Tertulia UniVersos.

Los poemas que figuran dentro del apartado «Ellas» fueron inspirados por las dos mujeres a las que he dedicado este libro.

«Ana» es un poema compuesto para mi prima Ana Rubio Nieto, con el cariño y gratitud que me despierta ese halo de luz que la rodea y que la convierte en una hermosa luciérnaga que ilumina la Calle Real.

Índice